BEI GRIN MACHT SICH IHR WISSEN BEZAHLT

- Wir veröffentlichen Ihre Hausarbeit, Bachelor- und Masterarbeit

- Ihr eigenes eBook und Buch - weltweit in allen wichtigen Shops

- Verdienen Sie an jedem Verkauf

Jetzt bei www.GRIN.com hochladen und kostenlos publizieren

Bibliografische Information der Deutschen Nationalbibliothek:

Die Deutsche Bibliothek verzeichnet diese Publikation in der Deutschen National-
bibliografie; detaillierte bibliografische Daten sind im Internet über http://dnb.d-
nb.de/ abrufbar.

Impressum:

Copyright © 2016 GRIN Verlag
Druck und Bindung: Books on Demand GmbH, Norderstedt Germany
ISBN: 9783668638570

Dieses Buch bei GRIN:

https://www.grin.com/document/388807

Ferdinand Hummel

Organisation, Orientierung, Motivation und Controlling eines Fitnessstudios

GRIN Verlag

GRIN - Your knowledge has value

Der GRIN Verlag publiziert seit 1998 wissenschaftliche Arbeiten von Studenten, Hochschullehrern und anderen Akademikern als eBook und gedrucktes Buch. Die Verlagswebsite www.grin.com ist die ideale Plattform zur Veröffentlichung von Hausarbeiten, Abschlussarbeiten, wissenschaftlichen Aufsätzen, Dissertationen und Fachbüchern.

Besuchen Sie uns im Internet:

http://www.grin.com/

http://www.facebook.com/grincom

http://www.twitter.com/grin_com

Deutsche Hochschule für
Prävention und Gesundheitsmanagement
Hermann Neuberger Sportschule 3
66123 Saarbrücken

Einsendeaufgabe

Fachmodul:	Verkaufsmanagement

Studiengang:	Fitnessökonomie

Datum	
Präsenzphase:	29.08.2016 - 31.08.2016

Name, Vorname:	Hummel, Ferdinand

Studienort:	Hamburg

Semester:	Wintersemester 16

Inhaltsverzeichnis

1   Verkaufsmanagement..3

1.1   Verkaufsorganisation...5

1.2   Vergleich mit den 13 Stufen des Verkaufs...5

1.3   Verkaufsoptimierung..7

2   Kundenorientierung..8

2.1   Konzept der Selbstkordanz..8

2.2   Kundenbindung..9

2.3   Zusatzverkäufe...10

3   Teams, Motivation und Führung.. 12

3.1   Teamentwicklung...12

3.2   Motivation..14

3.3   Führung..15

4   Controlling... 15

4.1   Kennzahlen im Betrieb...16

4.2   Fluktuationsquote..17

5   LITERATURVERZEICHNIS 18

6   ABBILDUNGS- UND TABELLENVERZEICHNIS.. 19

6.1   Abbildungsverzeichnis..19

6.2   Tabellenverzeichnis..19

1 Verkaufsmanagement

Tab. 1: Klassifizierung des eigenen Ausbildungsbetriebes

Name der Anlage und Standort (Stadt/Gemeinde)	**Fit und Fun in Barmstedt**
	Klassifizierung / Einordnung
Anlagenstruktur:	**Gemischtes Studio (Männer und Frauen)**
Größe der Anlage:	**Ca. 900m²**
Preisstruktur der Anlage:	**39,00 Euro bis 74,90 Euro**
Beschreibung der Kernleistung:	**- Gesundheitsorientiertes Gerätetraining** **- Vielfältiges Kursangebot** **- Sauna** **- Rehabilitationssport**

1.1 Verkaufsorganisation

Die Kernleistung unseres Fitnessstudios ist der Verkauf von Mitgliedschaften. Diese werden hier anhand des 13 Stufenmodells (Schlaffke & Plünnecke, 2015, S. 15-37) dargestellt und erläutert.

Schritt 1: Vorbereitung

- Unterlagen über Interessenten sammeln, Schreibmaterial bereithalten
- Einstimmung auf den Termin
- Bühnenbild und eigenes Setting überprüfen

3/19

Schritt 2: Kontaktaufnahme und Begrüßung:

- Auf Kunden zugehen, mit Namen begrüßen, herzlich willkommen heißen

- Smalltalk

- Getränk anbieten und zum Tresen begleiten

Schritt 3: Bedarfsanalyse durchführen:

- SPIN-Methode

- Bedarfsanalyse Bogen

- IPad bereithalten - Profil erstellen

- Fragen zur Person, Wünsch, Zieldetails erfragen, Prioritäten, Einschränkungen, Motiv

- Probeabschluss

Schritt 4: Ein "NEIN" ausschließen

Schritt 5: Angebotspräsentation

- Merkmale der Leistung, Vorteile und Nutzen aufzeigen

- Kontrollfragen

- Präsentation am Gerät

Schritt 6: Abschluss

- Besprechung des Trainings

- Anmeldebogen präsentieren

- Preispräsentation

- After Sales

a: Einwandbehandlung	b: Terminvereinbarung
- Einwand/Vorwand Abgleich	- zweiter Termin nach Nicht-
- Einwand in Frage umwandeln	Abschluss
- Rhetorische Mittel einsetzen	

Schritt 7: Verabschiedung

- Mappe überreichen

- Foto machen

- zweiten Termin vereinbaren

1.2 Vergleich mit den 13 Stufen des Verkaufs

Tab. 2: Begrüßung - Vergleich Phase 1-3 mit Phasen des eigenen Studios

"Phase der Begrüßung"	Eigenes Unternehmen
Phase 1 - Vorbereitung	
- Genug Zeit zur Verfügung	Ja
- Beratungsraum	Nein
- Unterlagen vorhanden	Ja
- Informationen über das Probetraining	Ja
- Mentale Einstellung	Ja
Phase 2 - Kontaktaufnahme	
- Blickkontakt und freundliches Lächeln	Ja
- Körperhaltung (Mimik und Gestik)	Ja
- Sich selbst vorstellen	Ja
- Namen des Kunden verwenden	Ja
- Siezen, nicht Duzen	Ja
Phase 3 - Aufbau persönlicher Beziehung	
- Strategien der Gesprächseröffnung	Ja
- Positive Körpersprache	Ja

Tab. 3: Bedarfsanalyse - Vergleich Phase 4 mit Phase des eigenen Studios

"Phase der Bedarfsanalye"	Eigenes Unternehmen
Phase 4 - Bedarfsanalyse	
- SPIN-Methode verwendet	Ja
- Bedürfnisse herausfiltern	Ja
(Bewusste und Unbewusste)	
- verschiedene Fragetechniken	Ja
- Notizen machen/Profil erstellen	Ja
- Pacing	Nein
- Aktiv zuhören	Ja
- Signalwörter einsetzen	Ja
- Einwandvorbehandlung durchführen	Ja

Tab. 4: Angebotspräsentation - Vergleich Phase 5-10 mit dem eigenen Studio

"Phase der Angebotspräsentation"	Eigenes Unternehmen
Phase 5 - Angebotspräsentation	
- Merkmale beschreiben	Ja
- Vorteile aufzeigen	Ja
- Nutzen liefern	Ja
- Sinnesaktivierung	Ja
- Rhetorische Mittel einsetzen	Ja
Phase 6- Angebots- und Bestätigungsphase	
- Vorteile Dienstleistung aufzeigen	Ja
- Bestätigungs- und Suggestivfragen verwenden	Ja
Phase 7- Grundsatzentscheidung	
- Frage zur Grundsatzentscheidung	Nein
Phase 8- Preispräsentation für die Mitgliedschaft	
- Preisgestaltung aufzeigen	Ja
- Preis-Nutzen Relation aufzeigen	Ja
Phase 9- Das "JA" für die Mitgliedschaft	
- Empfehlung aussprechen	Ja
- Alternativfragen stellen	Ja
Phase 10- Preispräsentation für Startpaket	
- Nutzen des Starterpakets aufzeigen	Ja
- Gegenleistung für Preis erhalten	Ja

"Phase des Abschlusses"	Eigenes Unternehmen
Phase 11 - Vorabschluss	
- Vorabschluss durchführen	Ja
- "NEIN" verhindern	Ja
Phase 12 - Abschluss	
- Abschluss durchführen	Ja
- Mitgliedschaft vom Berater ausfüllen lassen	Ja
- Vorgehen beim Probetraining erläutern	Ja
- Kunde hat Zeit zum durchlesen	Ja
Phase 13 - After-Sales	
- positive Entscheidungsbestätigung	Ja
- Informationsmappe überreichen	Ja
- Verabschiedung	Ja

1.3 Verkaufsoptimierung

In unserem Betrieb ist eine Optimierung insofern möglich, indem man eine ruhigere Atmosphäre schaffen könnte. Dies ist möglich, wenn der Berater mit dem Kunden ins Büro geht, um dort das Gespräch zu führen. Der Kunde und Berater können sich voll auf sich konzentrieren, zudem wird der Berater so nicht von anderen Mitgliedern angesprochen und somit wird das Gespräch nicht gestört. Oder der Kunde hat Angst, dass andere Personen mithören.

Dies ist leider nicht möglich, da das Büro ausschließlich für Mitarbeiter zugänglich gemacht wird und es für einen eigenen Beratungsraum an Platz mangelt. Zudem ist so etwas nur möglich, wenn ständig 2 Personen in Form von Trainern im Studio zur Verfügung stehen, wenn ein Probetermin ansteht.

2 Kundenorientierung

2.1 Konzept der Selbstkordanz - Transformation der Modi

Im externalen Modus befindet sich die Person, wenn die Zielintension nur dann verfolgt wird, wenn die Person Einfluss von außen erhält (Schlaffke & Plünnecke, 2015, S. 46). Er verändert sein Verhaltensmuster nur dann, wenn sich aus der Absichtslosigkeit aufgrund von externen, unpersönlichen Faktoren eine Bestimmte Absicht bildet.

Um in die nächste Stufe der Selbstkordanz aufzusteigen Bedarfs es also Einfluss eines persönlichen, externen Faktors, wie zum Beispiel den Rat eines Trainers oder die des Arztes. Hierbei muss der Vorteil und der Nutzen aufgezeigt werden. Im introjizierten Modus sind Gründe für eine Zielintension vorhanden, jedoch sind eigene Beweggründe noch nicht soweit ausgeprägt um die Zielintesion herauszubilden (Schlaffke & Plünnecke, 2015, S. 46).

Um nun die Ausprägung zu steigern, sollte der Kunde das Ziel haben in den identifizierten Modus zu gelangen. Die Aufgabe des Trainers und Beraters ist es, die Einstellung des Kunden so zu verändern, dass er "die Gründe der Zielintension in einer freien Entscheidung für sich selbst als wichtig ansieht und die Zielintension deshalb im Einklang dem ihren persönlichen Überzeugungs- und Wertesystem steht" (Schlaffke & Plünnecke, 2015, S. 46). Kurze und/oder kleine Erfolge helfen dem Kunden dabei das Ziel und die Zielintesion besser zu verstehen. Schon nach wenigen Wochen eines Projekts kann somit etwas geschaffen werden, das dem Teilnehmer zur Bestätigung dient, richtig entschieden zu haben. (Lasko&Busch, 2003, S. 191).

Um die Ausprägung der Selbstkordanz des Kunden langfristig hochzuhalten, muss versucht werden das Verhalten des Kunden so zu verändern, dass er keine Gründe mehr benötigt um eine Zielintension zu bilden (Schlaffke & Plünnecke, 2015, S. 46). Mit sogenannten Be- und Do- Zielen kann der Kunde mit dem Trainer und Berater langfristige Ziele herausarbeiten, welche zu erhöhtem Selbstwertgefühl und Ansehen führen.

2.2 Kundenbindung

Im Folgenden werden Maßnahmen aufgeführt, welche im eigenen Unternehmen verwendet werden könnten, die dem Motivationsloch entgegenwirken sollen. Somit versuchen wir die Abbruchsquote gering zu halten.

Bring einen Freund mit

Das Mitglied erhält die Möglichkeit einen Freund oder ein Familienmitglied für einen kostenlosen Trainingsgutschein zum Training mitzubringen. Die Motivation wird hier gesteigert, da der Kunde versucht hierbei vor dem mitgebrachten gast eine "gute Figur" abzugeben und sich noch mehr bemüht. "Gerade wenn der Kunde noch neu im Unternehmen ist und noch wenige Mitglieder kennt, hat er ein großes Interesse, ihm bekannte Personen mitzubringen" (Schlaffke & Plünnecke, 2015, S. 38). Zudem haben wir die Chance auf potentiell neue Mitglieder.

After Workout Gespräche

Eine weitere Maßnahme ist, dass in jeder Woche der trainierende angesprochen wird, wie sein Training läuft, ob man eventuell etwas ändern müsste, ob Zufriedenheit herrscht. Ein Überblick, wann das Neu-Mitglied angesprochen werden soll, kann in der EDV hinterlegt werden. Dies soll bewirken, dass sich der Kunde wohl fühlt, dem Kunden eine optimale Gestaltung seins Trainingsziels erhält und somit Spaß findet am Fitness und weiterhin das Studio besucht

Callings nach fernbleiben vom Training

Der Kunde erhält einen Motivationsanruf des Studios nach fernbleiben von ca. 3 Wochen in den ersten 10 Wochen nach Abschluss. Auch dies kann in der EDV hinterlegt werden. Wir erhoffen uns somit eine Motivationserneuerung und Bestätigung des Mitgliedes. Da Neukunden oft Probleme haben den Sport in den Alltag zu integrieren möchte wir somit helfen zumindest eine Erinnerung dahingehend zu sein.

Ziele darstellen und aufzeigen

Durch unsere EGym-Geräte und regelmäßiges wiegen, gerade wichtig in den ersten Wochen, können wir dem Kunden eine Verbesserung seiner Leistung aufzeigen und Resultate darstellen. Die EGym-Geräte bieten nach jedem 6tem Training die Möglichkeit eine Kraftmessung durchzuführen. Unsere Waage zeigt eine Körperfettanalyse,

Wasser- und Muskelanteilswerte zum Gesamtgewicht auf. So können wir Verbesserungen aufzeigen und zeigen, dass das Fitnesstraining eine Anpassung hat und es etwas bewirkt. Der Kunde hat einen genauen Vergleich zu vorher vor Augen und kann sich besser identifizieren und fühlt sich bestätigt und erhält weitere Motivationsschübe.

Sommer und Winterspiele

Wir veranstalten regelmäßig Aktionen in Form von Spielen. Der trainierende erhält pro Training einen Sticker, bei 10 Stück erhält er 1 Los. Nach 2,5 Monaten findet die Verlosung statt. Der Neukunde wird sofort in das Spiel integriert. Es gibt tolle Preise zu gewinnen und man lernt neue Mitglieder kennen durch das Spiel an sich und durch das Abschlussfest. Durch neue Bekanntschaften wird die Motivation erhöht und als neumitgleid möchte man möglichst viele Lose ergattern, um zu gewinnen. Das Mitglied fühlt sich sofort integriert und dazugehörig.

2.3 Zusatzverkäufe

Eine Möglichkeit mit welcher unser Unternehmen zusätzliche Einnahmen generiert ist der Verkauf von Nahrungsergänzungsmitteln in Form von Eiweißshakes, Protein-Riegeln und Müsli Packungen. Diese können am Thresenbereich erworben werden, ob zum mitnehmen oder vor Ort trinken, das ist dem Kunden selbst überlassen. Diese helfen den Kunden für Muskelaufbau und der Regeneration des Körpers. Zudem können Eiweiß-Beutel erworben werden, damit der Kunde zu Hause seine Shakes herstellen kann. Sie sind am Tresen zu erwerben und nicht an Automaten, damit der Kunde direkte Fragen dazu direkt beantwortet bekommt und der Trainer noch einmal eine direkte Bindung zum Mitglied aufbauen kann.

Die zweite Möglichkeit besteht darin, dass das Mitglied zu seiner Mitgliedschaft eine zusätzliche Getränkeflat hinzu buchen kann, welche für 5,90 Euro monatlich zu erhalten ist. Der Kunde hat die Möglichkeit aus verschiedenen Geschmacksrichtungen zu wählen. Der Kunde muss somit nichts von zu Hause mitbringen und spart bei Öfteren Training die Woche und regelmäßigem Trinken ein wenig Geld.

Die dritte Möglichkeit ist das Anbieten von Massagen. Dies ist eine zusätzliche Leistung, welche in einem separatem Raum genutzt werden kann. Die Massage wird von einer externen Frau angeboten, welche lediglich den Raum zur Miete nutzt. Die Ausgaben der Mitglieder gehen direkt an die Masseurin. Mit dieser Variante erreichen wird mit dem anbieten einer Sauna, welche im Monatsbeitrag mit enthalten ist einen weiteren Baustein für unser Wellnessangebot und sprechen weitere Kunde an und erweitern unser Angebot und unsere Leistungen.

In unserem Unternehmen werden zur Zeit drei weitere Möglichkeiten angeboten, mit welcher Zusatzeinkünfte generiert werden.

Zum einen bietet unser betrieb den sogenannten Rehabilitationssport an, welche über die Krankenkasse läuft. pro Kunde erhält das Unternehmen Geld von der Krankenkasse. Zudem bietet dies potentielle Neukunden, welche in Verbindung mit der Verordnung für kleineren Mitgliedsbeitrag das gesamte Angebot des Studios nutzen können. Zielgruppe hier sind Personen, welche mit körperlicher Einschränkung nach Lösungen suchen und hoffen, welche wir Ihnen über den Rehabilitationssport hinaus bieten können.

Zum Anderen bieten wir zu unseren elektronischen EGym-Zirkel das EGym-Premium-Programm an. Dieses Premium Programm ist für zusätzlichen Kleingeld zu erwerben und bietet zum vorhandenen Trainingsprogramm weitere Modi und Funktionen um sein Training zu verbessern und zu variieren. Dies ist spannend für Leute, welche wenig Zeit zum trainieren haben und gerne einen Überblick über Ihre Ergebnisse haben wollen und Ihr Training gern dokumentieren. Die Daten des EGyms werden in einer Cloud gespeichert und können immer auf Handy, per App, oder PC usw. abgerufen werden.

Außerdem bietet unser Unternehmen regelmäßig Abnehmkurse an, in welchem wir Vorträge über Ernährung anbieten und über einen bestimmten Zeitraum mit bestimmten Vorgaben die Teilnehmer dokumentieren und unterstützen und Ihnen helfen Ihr Ziel, das Abnehmen in welchem Rahmen auch immer, zu erreichen. Die Teilnahme, Zubehör wie Buch, Hefte, Nahrungsergänzungsmittel, wie auch eine kleine Einführung der Thematik wird geldlich entlohnt. Wir sprechen hier Personen an, welche es schwer haben alleine abzunehmen und welche ohne Unterstützung nicht voran kommen. Diese Vorträge werden in unserem Kursraum gehalten und es wird ein wöchentliches treffen veranstaltet, um über Fortschritte oder Rückschritte zu diskutieren und zu besprechen. Mit diesem Vorhaben erreichen wir die Zielgruppe der "Übergewichtigen" und Mitglieder die eine gesunde Lebensweise bevorzugen. Außerdem können Teilnehmer Freunde, Familie etc. mitbringen, welche als potenzielle Neukunden gesehen werden.

Durch diese Möglichkeiten sprechen wir nahezu alle Zielgruppen an und haben ein Vielfältiges Angebot für Mitglieder und potenzielle Mitglieder. Für jeden wird etwas geboten.

3 Teams, Motivation und Führung

3.1 Teamentwicklung

Das Tuckman Phasenmodell (Bruce Tuckman) hilft Teams und Führungskräften dabei,

- Teambuilding zu erleichtern und Orientierung zu erhalten,
- zu verstehen, wie wichtig konstruktiv geführte Konflikte sind,
- sich gut zu organisieren und nützliche Feedbackmechanismen einzuführen,
- ideenreich und flexibel an die Arbeit zu gehen sowie
- offen, hilfsbereit und solidarisch mit Kollegen umzugehen.

Sie ist laut Schuhmann (1965: zitiert nach Tuckmann, 1965) in vier Phasen unterteilt:

Formingphase:

- Zusammenkommen der neuen Teammitglieder
- Erwartungen und Einstellung langsam einbringen
- Unklarheit der Rollenverteilung
- Frage der Akzeptanz im Team
- Welche persönlichen Stärken und Schwächen einbringen kann
- Eigene Meinung zurückhalten geäußert oder gar nicht

Der Teamleiter muss für ein angenehmes Klima sorgen, sodass sich jeder wohlfühlt. Erste Gruppenstrukturen sollte er formen und den Kontakt von jedem zu jedem einzelnen Teammitglied ermöglichen. Wichtig: Ziel, Richtung, Struktur und Nutzen der Zusammenarbeit muss eindeutig festgelegt werden.

In dieser Phase ist die Teamleitung besonders gefordert und das Verhalten ist richtungsweisend.

Während die Teammitglieder eigene Erwartungen und Einstellungen mit denen der anderen abgleichen und dabei ihre Grenzen behutsam austesten, schaut jeder auch auf den Teamleiter. Dessen Verhalten ist in dieser Situation maßgeblich und richtungsweisend. Da das Team neu zusammenkommt und noch keine Richtung hat, gibt der Teamleiter die Richtung vor und kann das Team in dieser Phase formen.

Wichtige Merkmale des Teamleiters:

- den Prozess des Kennenlernens zu unterstützen,
- für ein angenehmes Klima zu sorgen, so dass sich jeder willkommen fühlt,
- eine erste Gruppenstruktur zu formen,
- und die Grundlagen für eine effektive Zusammenarbeit zu schaffen. Klare Ansagen sind dabei mehr als hilfreich.
- Die Rolle eines Teamleiters besteht darin, einen Meinungsaustausch zu schaffen,
- allen Teammitgliedern den Kontakt zu den Anderen zu ermöglichen und
- jedem Einzelnen die Möglichkeit zu bieten, seinen eigenen Platz im Team zu finden.
- Wichtig dabei ist, dass Ziel, Richtung, Struktur und Nutzen der Zusammenarbeit eindeutig festgelegt werden.

Storming-Phase:

Dabei lassen sich Problemsituationen zwei wesentlichen Arten
von Konflikten zuordnen, den Aufgaben- und den Rollenkonflikten:

Der Teamleiter hat die Aufgabe Wege der Konfliktlösung vorzuschlagen, wobei jeder
zu Wort kommen darf. Der Teamleiter nimmt hier die Rolle des Schlichters, sowie die
Rolle des Antreibers ein, indem er Ziele vorgibt und versucht Konflikte im Vorfelde zu
vermeiden. Er sorgt dafür, dass Konflikte nicht eskalieren

Norming-Phase:

In dieser Phase wird sich gemeinsam auf neue Regeln, Umgangsformen und Verhaltensweisen verständigt, die in Bezug auf Arbeitsweisen, Kommunikation und Feedback
gelten. Es werden Rollen für jedes einzelne Teammitglied festgelegt. Zudem werden die
Arbeiten im Team sinnvoll aufgeteilt.
Der Teamleiter übernimmt die Rolle des Beraters bei Einigung von Regeln. Der Teamleiter hat die Aufgabe die Interessen, Stärken und Bedürfnisse jedes Einzelnen mit den
Aufgaben und Rollenverteilung seines Teams abzustimmen. zudem werden Standards
der Zusammenarbeit festgelegt.

Performing-Phase:

Die Performing-Phase ist die Hochleistungsphase und zeichnet sich durch Produktivität, Effizienz und Selbstständigkeit heraus. Die Teamleitung verhält sich zunehmend zurückhaltend. das Vertrauen ist sehr hoch und es wird sich auf das leiten regelmäßiger Gespräche reduziert. Die Leitung sorgt lediglich für die Weiterentwicklung jedes einzelnes Mitgliedes und sorgt für eine gute Repräsentation nach außen. Ohne die persönliche und gruppendynamische Reife des Teams ist es kaum möglich, diese produktive Phase zu erreichen.

3.2 Motivation

"Gruppenprovisionen sind in der Fitnessbranche die beste Möglichkeit die Mitarbeiter im eigenen Unternehmen dauerhaft zu motivieren"

Tab. 6: Vorteile und Nachteile einer Gruppenprovision

Vorteile	Nachteile
- es wird im Team agiert und verstärkt den Zusammenhalt der Gruppe	- keine direkte Belohnung
- die jeweilige Arbeitszeit ist nicht entscheidend	- fallende Anerkennung
	- Personen können sich hinter bestimmten Mitarbeitern "verstecken"

Aufgrund der Gegenüberstellung der Vorteile und Nachteile kann nicht genau gesagt werden, dass es die beste Möglichkeit ist die Mitarbeiter zu motivieren, jedoch ist dies eine sehr gute Möglichkeit die Motivation der Mitarbeiter zu steigern. Durch die Nachteile wird es mindestens innerlich in manchen Mitarbeitern zu Unruhen kommen, da diese nicht zufrieden sind, wenn Sie zum Beispiel mehr arbeiten oder mehr in Ihre Arbeit für eine Arbeit investieren, als manch andere Mitarbeiter. Die Vorteile zeigen jedoch, dass es durchaus positive Aspekte einer Gruppenprovision gibt und diese auch verwendet werden kann als Motivator. Dies ist jedoch schwer umzusetzen wie die aufgezeigten Nachteile zeigen.

3.3 Führung

<u>Fallbeispiel 1:</u> Der direktive Stil

Der direktive Stil zeichnet sich durch unmittelbaren Gehorsam und klare Anweisungen aus. Zudem ist ein weiteres Merkmal die strenge Überwachung (Schlaffke & Plünnecke, 2015, S. 114). Beim Fallbeispiel wird mehrmals darauf hingewiesen, dass die Aufgaben exakt und nach Vorgabe zu erledigen sind. Außerdem sind mehrere Kontrollgänge der Führungsperson, sowie Strafen bei Fehlverhalten vorhergesagt worden.

<u>Fallbeispiel 2:</u> Der affiliative Stil

Der affiliative Stil zeichnet sich durch die Harmonie und Konsens unter den Mitarbeitern und der Führungskraft aus. Durch viel persönliche Wertschätzung hilft insbesondere dann, wenn vertrauensvolle Zusammenarbeit aufgebaut werden soll (Schlaffke & Plünnecke, 2015, S. 114/115).

Beim Fallbeispiel wird aufgezeigt, dass es sich um ein Sart-up Unternehmen handelt, welches in seinen Anfängen ist und das Team sich noch in der Findungsphase befindet. Die Führungspersönlichkeit beschreibt das Verhältnis zu seinen Mitarbeitern als positiv und familiär. Dieses zeigt er durch höchste Wertschätzung und durch die vorhanden Hilfsbereitschaft einander gegenüber. es wird im Team gearbeitet und über Ideen, Probleme, Visionen etc. gemeinsam gesprochen und diskutiert.

4 Controlling

Tab. 7: Übersicht der Kennzahlen

1. Telefonquote	Termineinhaltungsquote	Abschlussquote	Fluktuationsquote
Anzahl Vereinbarte Beratungs- termine	Anzahl der erschienenen Beratungs- Termine	Anzahl der abgeschl. Mitglied- schaften	Anzahl der Abgänge
------------------ x 100	---------------------- x 100	-------------------- x 100	-------------------- x 100
Interessenten - anrufe	Anzahl der vereinbarten Beratungstermine	Anzahl der durchgeführten Beratungen	Durchschn. Mitglieder - bestand

4.1 Kennzahlen im Betrieb

Tab. 8: Darstellung der Kennzahlen der Monate Juni, Juli und August

1. Telefonquote	2. Termineinhaltungsquote	3. Abschlussquote
15 Juni: --- x 100 = 83,33% 18	12 Juni: --- x 100 = 92,31% 13	11 Juni: --- x 100 = 91,67% 12
12 Juli: --- x 100 = 92,31% 13	8 Juli: --- x 100 = 72,73% 11	7 Juli: --- x 100 = 87,5% 8
13 August: --- x 100 = 92,86% 14	13 August: --- x 100 = 100,0% 13	13 August: --- x 100 = 100,0% 13

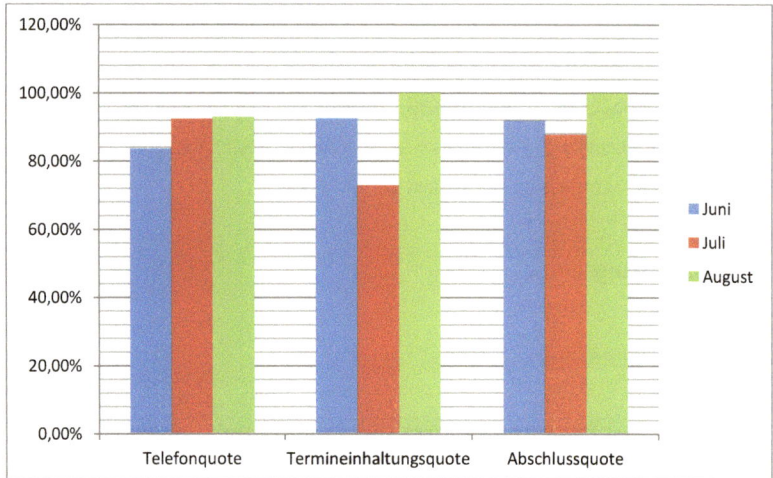

Abb. 1: Grafische Darstellung der Kennzahlen

Begründung:

Die unterschiedlichen Quoten haben hier keine wirkliche Bedeutung, da in der Sommer-saison das Wetter stark schwankt. Zudem stehen die Sommerferien an und viele Fami-lien fahren in den Urlaub. Außerdem können durch spontane Ausflüge bei unvorherge-sehenem gutem Wetter die Kennzahlen beeinflusst werden.

4.2 Fluktuationsquote

Vorgegebene zahlen des Betriebes für das Geschäftsjahr 2015:

Durchschn. Mitgliederbestand = 650 Mitglieder

Abgänge = 180 Mitglieder

Fluktuationsquote :

$$\frac{180}{650} \times 100 = 27,69\ \%$$

Umsatz bei Fluktuationsquote von 27,69 % (180 Mitglieder)

Beim durchschn. Beitrag von 56,95 Euro bei 470 Mitgliedern (650 - 180)

--> Umsatz: 26766,50 Euro

Umsatz bei Fluktuationsquote von 22,69 % (148 Mitglieder)

Beim durchschn. Beitrag von 56,95 Euro bei 502 Mitgliedern (650 - 148)

--> Umsatz: 28588,90 Euro

Bei einer Senkung von 5% der Fluktuationsquote von 27,69% auf 22.69% hätte dies eine monatliche Umsatzsteigerung von 1822,40 Euro zur Folge. Dies würde jährlich 21868,80 Euro betragen.

Folge:

Durch die Senkung der Fluktuationsquote steig im selben Verhältnis der Umsatz. Dies hätte eine Auswirkung auf die monatlichen/jährlichen liquiden Mittel die zum Beispiel weiter investiert werden könnten, um den Betrieb auf vertrieblichem Wege besser aufstellen zu können. Je liquider ein Unternehmen, desto besser ist es auf unerwartete Situationen vorbereitet.

5 Literaturverzeichnis

Lasko&Busch, 2003, S. 191

Prof. Dr. phil Winfried Schlaffke und Prof. rer. Pol. Axel Plünnecke (Studienbrief "Verkaufsmanagement")

Schuman, S. P. (2001). Developmental Sequence in Small Groups.

6 Abbildungs- und Tabellenverzeichnis

6.1 Abbildungsverzeichnis

Abb. 1: Grafische Darstellung der Kennzahlen

6.2 Tabellenverzeichnis

Tab. 1: Klassifizierung des eigenen Ausbildungsbetriebes

Tab. 2: Begrüßung - Vergleich Phase 1-3 mit Phasen des eigenen Studios

Tab. 3: Bedarfsanalyse - Vergleich Phase 4 mit Phase des eigenen Studios

Tab. 4: Angebotspräsentation - Vergleich Phase 5-10 mit dem eigenen Studio

Tab. 5: Abschluss - Vergleich Phase 11 - 13 mit dem eigenen Studio

Tab. 6: Vorteile und Nachteile einer Gruppenprovision

Tab. 7: Übersicht der Kennzahlen

Tab. 8: Darstellung der Kennzahlen der Monate Juni, Juli und August